48
b 2700

ORAISON FUNÈBRE.

Oraison funèbre

DE

SA MAJESTÉ LOUIS XVIII,

ROI DE FRANCE ET DE NAVARRE ;

PRONONCÉE EN LA CHAPELLE DE L'ÉCOLE ROYALE MILITAIRE DE LA FLÈCHE, LE 30 SEPTEMBRE 1824,

Par M. l'Abbé de BIGAULT-D'HARCOURT, Chanoine de l'église cathédrale du Mans, Directeur-Adjoint des études de ladite école.

AU MANS,

De l'Imprimerie de MONNOYER, Imprimeur du Roi, de M. le Préfet et de M.gr l'Evêque, rue St.-Dominique, N.º I.

1824.

Des ordres adressés à l'école, concernant la célébra-
tion du service solennel pour le repos de l'ame de S. M.
le feu Roi, n'ont pas permis d'accorder plus de six jours
pour préparer cette oraison funèbre, ce qui peut faire
excuser en partie qu'elle soit si fort au-dessous de son
objet. On a cédé au vœu de personnes pieuses qui
l'avoient entendue, en la livrant au public.

Elle se vend au profit des pauvres,

AU MANS ,

Chez MONNOYER, Impr. Libraire, rue S.t-Dominique.

A LA FLÈCHE ,

Chez Mad. veuve de la FOSSE.

A PARIS.

Chez PILLET aîné, rue Christine, n.º 5.

Oraison funèbre

DE

SA MAJESTÉ LOUIS XVIII,

ROI DE FRANCE ET DE NAVARRE.

Dedit....... Deus sapientiam Salomoni , et pruden-
tiam multam nimis, et latitudinem cordis , quasi
arenam quæ est in littore maris.

Dieu donna à Salomon la sagesse , une prudence
exquise, et une étendue d'esprit capable d'embrasser des objets multipliés comme les grains
de sable sur les rivages de la mer. (3.ᵉ livre
des Rois , chapitre 4.ᵉ , verset 29.ᵉ).

Messieurs ,

CE portrait que nous fait le saint Esprit de ce
Roi qui a surpassé en sagesse les sages de l'Orient
et de l'Égypte, qui fut appelé le plus sage des
hommes , *sapientior cunctis hominibus,* qui mé-
rita l'admiration de tous les peuples , et que, sur
la foi des oracles divins , toutes les nations de la

terre n'ont cessé de révérer comme le type et le modèle de la sagesse et de la prudence , ne vous semble-t-il pas être celui du Prince auguste, dont la perte vient de plonger dans le deuil le plus beau royaume de l'univers ? Chacune des paroles du texte sacré ne rappelle-t-elle pas les traits du caractère chéri autant que respecté de ce Roi vénérable , objet de nos regrets et de nos larmes ? Et n'est-ce pas de TRÈS-HAUT, TRÈS-PUISSANT ET TRÈS-EXCELLENT PRINCE, LOUIS XVIIIe. DU NOM, ROI DE FRANCE ET DE NAVARRE , que nous devons reconnoître que Dieu lui donna , comme autrefois à Salomon , une sagesse parfaite pour discerner le bien , une prudence exquise pour l'opérer de la manière la plus convenable , et une étendue d'esprit telle qu'il pouvoit saisir sans effort, et embrasser, sans les confondre, une multitude presque infinie d'affaires les plus graves ; surmonter, par la force de sa raison , des difficultés que le génie de l'homme eût regardées comme insurmontables; s'occuper des intérêts de ses peuples, avec autant de sollicitude , de calme et de présence d'esprit, que le père de famille le plus tendre et le plus intelligent, satisfait aux besoins de ses seuls enfants ; triompher , par sa constance et par sa pieuse résignation , des obstacles qu'opposoient à ses desseins paternels pour le salut de la nation, dont la divine providence lui a confié le bonheur, et les plus injustes préjugés, et les erreurs les plus funestes, et les plus coupables ambitions, et les plus aveugles fureurs? *Dedit... Deus sapientiam Salomoni, et prudentiam multam nimis, et latitudinem cordis, quasi arenam quæ est in littore maris.*

Lorsque l'Éternel est las de nos impiétés, que sa patience et sa longanimité sont à la fin vaincues en quelque sorte par les crimes et les abominations des peuples, et qu'il a résolu de les perdre ou de les châtier; il les abandonne à leurs propres passions. On les voit alors se livrer à toutes les iniquités, se souiller de toutes les turpitudes, s'enorgueillir de tous les forfaits, s'entredéchirer impitoyablement, comme des bêtes féroces, se plaire aux cris de la douleur, rechercher le spectacle des larmes et du sang, se repaître de toutes les infortunes, et s'abymer enfin dans tous les maux.

Mais quand sa justice est satisfaite par les souffrances et le répentir des peuples prévaricateurs, ou par les humiliations, les larmes et les supplications du petit nombre de justes qu'il a préservés de la dépravation universelle; il a mis sous le bouclier de sa providence, et gardé comme en réserve, à l'abri de toute séduction ainsi que des efforts et de l'audace du crime, quelque rejetton d'une race chérie qu'il anime de son esprit, qu'il remplit de sa force, qu'il embellit de ses dons, qu'il nourrit de ses grâces : et, au temps marqué par la clémence, il le fait apparoître comme un astre bienfesant sur le sol ravagé, pour y ramener la vie, l'espérance, la consolation, la joie et le bonheur.

Chrétiens, que les plus justes regrets amènent aux pieds des saints autels, pour y déposer l'hommage de vos larmes, de votre résignation et de vos prières, vous reconnoissez dans ce peu de mots l'histoire des temps si divers qui nous avoient été réservés. Témoins ou victimes des plus affreuses calamités, nous avons vu notre belle patrie sur le point de périr et de disparoître du nombre des nations ; nous l'avons vue retirée du gouffre de ses maux, reparoître sur la scène du monde, pleine de vie, de force et de gloire ; et nous ne serons ni assez aveugles pour ne pas reconnoître la source de nos maux dans la corruption de nos cœurs, et la cause de notre salut dans le bras du Tout-puissant, ni assez ingrats pour ne pas bénir, tous les jours de notre vie, l'adorable bonté qui , veillant sur nous avec tant de constance , confia nos destinées à ces Princes augustes qu'elle protège si visiblement , qu'on diroit que l'indéfectibilité fut promise à la glorieuse race de saint Louis.

Mais , plus le ciel fut prodigue envers nous de ses bienfaits , plus nous devons les méditer, pour en retirer les solides instructions qui en sont le but. Pénétrons-nous donc , Chrétiens , de la conduite que tient la divine providence envers celui dont elle a résolu de faire l'instrument de notre délivrance. Voyons comment , au sein de la corruption , elle s'en empare par l'éducation , comment elle l'éprouve et le forme par les souffrances de l'exil , et enfin comment elle le dirige sur le trône , au milieu des écueils dont il est environné. Étudions Louis avant d'être Roi, Louis exilé dans des terres étrangères , et Louis sur le trône , et nous pourrons comprendre cette sagesse parfaite , cette prudence exquise , et cette étendue d'esprit dont le ciel l'a doué, afin de sauver la France et l'Europe avec elle.

I.re PARTIE.

Pour peu que l'on connoisse l'histoire des temps qui ont précédé l'effroyable catastrophe qui a renversé le plus beau trône du monde, on ne peut que s'étonner que cet affreux bouleversement ait été si peu prévu. Cependant, il étoit fait dans les cœurs long-temps avant d'éclater au dehors. Plus de foi, plus de mœurs, plus de doctrines. Les principes les plus simples de l'honneur et de la probité étoient réputés des chimères ; les liens les plus sacrés n'étoient plus regardés que comme une tyrannie des préjugés ; le dévouement au Prince, à l'état, à ses devoirs étoit traité d'absurde servilité ; on ne devoit rien à personne ; plus de rang parmi les hommes ; on n'appartenoit qu'à soi, on ne devoit rien qu'à soi ; il ne falloit vivre et agir que pour soi : l'égoïsme étoit vertu, et l'athéïsme le comble de la sagesse. Hors de là tout étoit faux ou incertain , et bon tout au plus pour occuper la grossière stupidité des simples et des ignorants. On s'amusoit, on se jouoit de tout ; on vouoit à la risée publique tout ce qui jusques-là avoit été saint et respectable parmi les peuples , et les avoit retenus dans le devoir ; on sapoit, en riant , toutes les bases de la société ; elles alloient s'écrouler ; et on n'y pensoit pas. La grande affaire, c'étoient les plaisirs : on s'y livroit sans songer aux affreux déchirements , aux épouvantables douleurs dont ils alloient être suivis. Chose étonnante, si quelque chose pouvoit étonner dans l'aveuglement des hommes ! c'étoit parmi les classes les plus immédiatement intéressées à l'ordre et au maintien de la société, qu'étoient accueillies, encouragées, professées ces abominables maximes qui devoient en opérer le renversement.

Les chaires chrétiennes retentirent quelquefois, il est vrai, des plus terribles avertissements. Mais à peine entendus de quelques ames pieuses auxquelles ils étaient le moins utiles, ils n'excitèrent pas la vigilance de ceux qui étoient placés comme une sentinelle pour la sûreté de tous. Ils n'arrêtèrent ni les saillies du bel esprit, ni les joies insensées du siècle, ni l'inconcevable legèreté avec laquelle on se précipitoit vers sa ruine. Toute chair avoit corrompu sa voie, comme parle l'Esprit saint, et c'étoit un vertige pareil à celui des temps de Noé, où, avertis du déluge qui alloit les engloutir, les hommes ne daignoient pas y penser.

Et voilà les circonstances que choisit celui qui tient dans ses mains le sort des peuples et des Rois, pour faire naître le prince dont il vouloit se servir pour sauver la malheureuse nation qui se précipitoit dans l'abyme de tous les maux. Il connoîtra les erreurs et les folies de son siècle, mais il n'en sera pas atteint. Il les connoîtra : comment sans cela pourroit-il y remédier ? Il n'en sera pas atteint : comment, entraîné par le torrent, pourroit-il y résister, ou en réparer les ravages ? Il aura en partage, et cette noble générosité, et ce mâle courage, et cette bonté céleste, héréditaires dans sa royale maison ; mais il faut aussi qu'il soit orné de cette variété de talens et de connoissances, de ces brillantes qualités de l'esprit, de cette grâce et de cette dignité d'élocution, sans lesquelles un siècle léger et frivole ne pourroit apprécier les plus solides qualités de l'ame.

Aussi le Prince par qui la providence avoit résolu de fermer, comme il l'a dit lui-même, le gouffre des révolutions, est-il, dès sa plus tendre enfance, formé à la piété et à toutes les vertus, par les exemples et les leçons continuelles du plus vertueux des pères, et de la plus respectable des mères, qui, fidèles, l'un et l'autre au Dieu de saint Louis, veulent, avant et par-dessus tout, que leurs enfants soient de bons chrétiens et d'honnêtes-gens. Ils dirigent l'éducation de ces jeunes princes en qui résident les destinées de la France, de manière que chez eux, les connoissances, les talents et les qualités les plus aimables de l'esprit ne soient que la parure d'une belle ame , et ne tiennent jamais lieu de mérite et de vertu. Le comte de Provence se fait bientôt remarquer par les prodiges de sa mémoire , par la vivacité et les grâces de son imagination , par la promptitude et l'étendue de son intelligence , par la brillante facilité de son élocution et de ses premiers essais littéraires. Ses saillies vives et spirituelles , ses mots heureux , ses réparties charmantes passent de bouche en bouche ; on les répète à la cour , on s'en entretient à la ville ; et ainsi s'établit déjà la réputation du jeune Prince dont la pénétration précoce promet un beau génie de plus dans la royale maison de France.

Mais en même temps que par les dons de l'esprit , il jette déjà une si vive lumière , on le voit avec attendrissement répandre l'éclat des vertus les plus touchantes. Il apprend qu'un navire a échoué contre une isle inhospitalière , et que l'équipage est menacé de périr victime de la cruauté des barbares insulaires. Le danger des malheureux naufragés émeut l'ame sensible du jeune Prince. Il en parle à ses frères , et leur persuade sans peine de contribuer par leurs libéralités à la délivrance des prisonniers. La cour imite cet exemple ; on équippe deux bâtiments chargés de porter la rançon des malheureux naufragés , et de les ramener dans leur patrie. Ils y reviennent bénir les noms de leurs augustes libérateurs. C'est ainsi que se forme la jeunesse du comte de Provence , partagée entre les plaisirs de l'étude , et les délices des bonnes actions.

Mais son frère ainé devient Roi par la mort de leur ayeul. Devenu lui-même premier sujet , il n'oubliera jamais ce qu'il doit de respect et de soumission à celui que Dieu a placé sur le trône de ses pères. Modeste et réservé , si la prudence qui le caractèrise lui fait une loi d'éviter jusqu'à la moindre apparence de vouloir s'immiscer dans les affaires de l'état ; il ne laisse pas, toutes les fois qu'il en est requis par le Roi son frère, de donner son avis en sujet fidèle et dévoué. Mais chaque fois aussi on admire sa rare sagacité , la maturité de son jugement , la profondeur de ses pensées , la prévoyance de son esprit. Comment tant de lumières à cet âge ! On diroit une expérience consommée. C'est qu'il avoit étudié l'histoire , non pour en faire un vain ornement de sa mémoire , mais pour en faire le sujet des plus sérieuses méditations , pour y rechercher les causes des évenements , afin d'apprendre à éviter les fautes , et à faire le bien. Aussi , lorsque le jeune monarque, voulant signaler son avènement au trône par un de ces actes de clémence et de bonté si naturels aux fils de saint Louis et d'Henri IV , se détermina à rappeler ces corps puissants qui quelquefois avoient bien mérité de l'état , mais trop souvent avoient bravé l'autorité royale , le comte de Provence ne manqua-t-il pas de représenter les suites funestes que pouvoit avoir cet acte de condescendance aux vœux imprudents d'une multitude irréfléchie. Les évènements n'ont que trop justifié ses craintes.

Cependant , héritier du trône, plus il en est rapproché , la Reine n'ayant encore donné aucune marque de fécondité, plus le comte de Provence se fait un système et une habitude de la plus grande réserve ; il s'observe dans ses paroles et dans ses actions , et partage tout son temps entre les devoirs que lui impose sa qualité de Prince et d'époux, entre ses goûts pour la retraite et l'étude. Il protège des gens de lettres et des savants ; il les accueille avec bonté , se plait à leurs entretiens , se mêle à leurs travaux , leur donne des encouragements, et les étonne par la variété de ses connoissances, et par l'heureuse flexibilité de son génie. Nous avons sçu les desseins de Dieu touchant sa personne : n'étoit-il pas utile à leur exécution , que celui qu'il destinoit à relever un

jour l'édifice social renversé par le délire des passions , eût d'avance la réputation d'un esprit ac-
tif et pénétrant , parmi une nation sur laquelle le
mérite du bel esprit avoit pris tant d'empire? Dieu
le façonne et le conduit précisément comme il le
faut , pour être l'instrument des plus grandes cho-
ses. Il est nécessaire que le Prince soit connu des
peuples , et le Roi ordonne à ses frères de visiter
les provinces.

Monsieur , comte de Provence , parcourt le
midi de la France. Bordeaux , Toulouse , Mar-
seille , Tarascon , Nîmes , ont le bonheur de le
voir. La joie va jusqu'à l'ivresse. Il charme tous
les cœurs par la justesse de son jugement , par
les graces de ses manières , par l'expression de la
plus touchante bonté. Ici il reçoit les hommages
d'une académie qu'il comble de joie par les
témoignages de son estime et de sa bienveillance. Là il visite un collège ; il en parcourt les
classes, honore de sa présence les différents exercices des élèves , et en interroge plusieurs ; il
excite la verve et les saillies d'une jeunesse inté-
ressante , et la laisse attendrie de reconnoissance
et d'amour , pénétrée de respect et d'admiration,
prête à tout faire pour répondre à la bienveillance
de ses augustes Princes , et pour montrer son dé-

vouement au plus aimé des Rois. Ici cédant à l'empressement de simples pêcheurs, il se laisse, avec le plus aimable abandon, porter dans leurs bras, pour être témoin de leurs exercices ordinaires. Riches et heureux de posséder un moment le frère de leur Roi, ces bonnes gens font éclater dans leur langage naïf, la joie, l'amour, le respect dont ils sont pénétrés. Là il daigne accepter le logement dans un hôtel dont le nom du maître est le plus bel ornement. La garde bourgeoise se présente pour faire le service auprès de sa personne. « Un fils de France logé chez un Crillon, » dit-il, n'a pas besoin de gardes. » Honorant ainsi la mémoire d'un des plus illustres chevaliers françois, il nourrit dans tous ces nobles sentiments d'honneur et de dévouement au Roi, qui ont fait de tous temps la force et la gloire de la nation françoise. Partout les peuples accourent sur son passage, avides de contempler ses traits. Partout il fait des heureux par son affabilité ou par sa munificence ; et de retour à Versailles, il a le bonheur d'assurer à son auguste frère que les cœurs de tous les françois sont à leur Roi.

La France étoit florissante au dedans, et puissante au dehors. Mais pendant cet état de prospérité qui ne devoit plus durer que dix années, les doctrines impies qui alloient enfin renverser le trône et l'autel , étendoient sourdement leurs ravages. La licence de l'esprit ne connut bientôt plus de bornes. On ne croit plus à la vertu ; la calomnie s'attache aux personnages les plus augustes. Le respect pour le monarque s'affoiblit peu à peu. On exagère les embarras des finances ; les esprits fermentent , les passions s'irritent ; on convoque des assemblées qui ne décident rien , mais dans lesquelles , guidé par cette prudence qui ne l'abondonna jamais , Monsieur , discernant ce qu'il convenoit d'accorder aux malheurs ou à l'esprit du temps , fait preuve d'une modération qui lui concilie tous les cœurs. Les maux augmentent , l'horison politique se couvre des plus sombres nuages ; aux discours séditieux succèdent les attroupements , les émeutes et les fureurs populaires. Attaqué par la calomnie , Monsieur , réduit à parer ses coups , se défend avec courage et dignité. Les cris de l'enthousiasme , de l'admiration et de l'amour l'accompagnent jusqu'à son palais.

Mais le Roi est prisonnier de ses sujets ; et chaque jour resserre sa captivité. Il a résolu de s'y soustraire. Le jour et l'heure de son départ sont fixés.

fixés. Confident de l'important projet, Monsieur, dont on connoissoit la résolution de ne pas se séparer de la personne du Monarque, fait ses préparatifs avec toute la prudence et le mystère qu'exigent les tristes circonstances où il est placé. Couvert par la main invisible qui écarte de lui les dangers, il échappe à l'infatigable surveillance de ses satellites et de ses espions, et il arrive enfin sur une terre hospitalière. Hélas! ce n'étoit pas la France! Elle rétentissoit naguère des cris d'amour pour son Roi ; maintenant ses peuples s'ameutent autour de sa personne auguste que la violence arrête dans sa route, et force d'aller reprendre ses fers. Providence de mon Dieu, je vous adore, je m'anéantis devant votre sagesse impénétrable. Pour la terrible leçon que vous vouliez donner au monde, il falloit donc que le juste couronné, celui qui, au centre de la plus honteuse corruption qui fût jamais, honoroit encore l'espèce humaine par ses angéliques vertus, fût livré à tout ce que la terre eût de plus vil, et tombât enfin solennellement sous la hache du crime !

Si quelque temps encore on lui laisse le vain titre de Roi, les outrages qu'il reçoit n'en sont que plus indignes. On connoît son cœur que les passions ne profanèrent jamais, et où règne une

2

bonté inaltérable. On le torture dans les endroits les plus sensibles. L'espoir de calmer les haines, d'arrêter l'effusion du sang, de rendre la tranquillité à ce peuple, objet de sa plus tendre affection, est toujours le moyen que l'on emploie pour violenter sa conscience, et lui arracher ses mesures contre lesquelles elle se soulève bientôt, mais dont on promet les résultats les plus heureux.

Muni de l'autorisation de l'infortuné Monarque, Monsieur proteste contre les actes de sa captivité. Il s'adresse aux puissances de l'Europe, leur représente le danger auquel elles s'exposeraient en abandonnant le Roi de France à la fureur d'une faction ennemie des trones et de toute autorité, et leur persuade que la cause du Roi captif est celle de tous les Rois. Monsieur trouve des cœurs généreux. On fait quelques efforts, mais avec autant de lenteur que de foiblesse ; et l'appareil de forces insuffisantes n'a pour résultat que d'augmenter l'audace des factieux, et de hâter l'exécrable forfait qui devoit plonger la France dans le deuil et la consternation. Généreux françois, qui, malgré la profonde perversité du siècle, conservant le feu sacré de l'antique honneur, étiez accourus à la voix de vos Princes, vous ranger sous l'étendart de la Patrie ; voûs brûliez de la délivrer de ses tyrans , et de sauver votre Roi ; mais alors vous n'eûtes pas même la consolation de tirer l'épée pour la plus juste et la plus sainte des causes. L'Europe n'étoit pas encore désenchantée de cette politique étroite et jalouse , qui fait consister la grandeur et la prospérité d'une puissance dans l'abaissement et la détresse d'une puissance rivale. Et il faudra plus de vingt années de guerre , de désastres , de calamités, pour faire comprendre que le salut de tous est dans celui de chacun, et que, hors de l'union de ceux à qui le ciel a confié le glaive pour la protection de tous les droits , il n'y a aucun moyen de résister à une faction cosmopolite qui , ne croyant à la légitimité d'aucune possession , ne reconnoît de droits que celui de la force , qu'elle tâche de se procurer par le nombre.

Mais l'attentat est consommé ; le crime s'est vengé de la vertu ; le plus noble sang de la terre a rougi le sol françois ; l'innocente victime a reçu le coup fatal , et s'est réunie à son Dieu dont elle étoit ici-bas la plus parfaite image. Tremblez, puissances de la terre, l'enfer est déchaîné ; l'heure de la destruction a sonné... Que dis-je , Messieurs ? Le ciel laissera désarmer sa colère, à l'exemple de celui qui sur la croix, opéroit la rédemption du genre humain ; Louis a prié pour ses bourreaux ; il a demandé le salut de son peuple ; et son peuple sera sauvé. L'instrument de la délivrance est tout près. Mais, proscrit du sol natal où regnèrent glorieusement, pendant neuf cents ans, trente Rois ses ayeux, il passera de longues années encore au creuset des tribulations communes des peuples et des Rois, celui à qui le ciel a réservé de faire sortir la France de ses ruines, et de rendre la paix et le bonheur à l'Europe désolée.

II.ᵉ PARTIE.

Il ne régna que dans les fers, et mourut encore enfant, le Prince auguste qui, par le droit de sa naissance, devoit succéder au Roi de sainte et douloureuse mémoire. Tant que le royal enfant vécut orphelin et prisonnier, Monsieur, avec le titre de Régent, porta le fardeau des tristes affaires du Royaume, échauffant le zèle et le courage de ceux qui étoient restés fidèles à leur Dieu et à leur Roi, recommandant la modération et la clémence, et en donnant l'exemple toutes les fois qu'il pouvoit en saisir l'occasion, cherchant à maintenir l'union parmi les têtes couronnées, réclamant toujours des efforts unanimes pour la défense commune des peuples et des Rois.

Devenu Roi lui-même dans ces temps à jamais déplorables, et plus pénétré des devoirs que jaloux de jouir des droits de la royauté, il se dévoue tout entier à ce qu'exige de lui l'obligation de ressaisir, pour la transmettre à ses successeurs, la couronne de saint Louis. Soumis aux ordres de la Providence, mais confiant dans sa protection, il observe les évènements, en subit les conséquences sans murmurer, sans se laisser jamais ni lasser ni abattre par les fatigues ou les revers. Il accourt partout où il juge sa présence utile au rétablissement du trône. Toulon a ouvert son port aux anglois ; ses habitants ont la promesse de posséder leur Roi : Louis vole à Turin ; il va s'embarquer à Gènes, et se rendre sur les côtes de France. Arrêté par la politique étrangère, il ne peut encore reparoître sur le sol de la patrie. Les armes républicaines rentrent dans Toulon. Le Roi navré de douleur, mais ne perdant jamais de vue ses grandes destinées, s'éloigne, et se rend à Veronne. Là il se ménage des intelligences avec la capitale de ses tristes états, avec ces admirables vendéens dont l'audace et le courage indomptables, fesoient trembler les sataniques puissances qui avoient courbé les françois sous leur verge de fer, avec ces dignes rejettons du Grand Condé, qui tenoient rassemblés autour de l'étendart des lis, ceux de ces braves qui, demeurés fidèles à la foi de leurs pères, ont pu se soustraire à l'empire de la rébellion ; et en même temps qu'il cherche à lier les opérations de ces corps, malgré la distance qui les sépare, et à établir la concorde et l'union sans lesquelles ceux qui dirigent la glorieuse résistance des royalistes, ne peuvent espérer aucun succès durable, le Roi fait tous ses efforts pour étendre et affermir la coalition des puissances contre leur commun ennemi.

L'Angleterre paroît attentive aux mémorables efforts de la Vendée. Louis demande qu'on le transporte dans ces contrées où l'honneur françois répand un si vif éclat. Il veut partager les périls et la gloire de ses fidèles vendéens ; il veut comme Henri IV ou son trône, ou son tombeau. Mais ô misérable sagesse des hommes, politique insensée ! Sous le prétexte mal adroit de ne pas exposer une tête si chère, on prétend relever la monarchie, sans permettre au Monarque de se montrer à ses sujets égarés, avec le cortège de gloire qui lui convient pour applanir les chemins du trône. L'Europe n'a pu comprendre encore tout le sens de la révolution qui la tourmente. Les désastres de Quiberon démontrent encore une fois ce qui en vain sera souvent démontré par une suite de vingt années de malheurs , que l'on ne doit s'attendre à triompher de la violence d'un ennemi commun dont la puissance est diri- gée par une intention et dans un but uniques , que par la constante unanimité et la réunion so- lide de toutes les forces qui lui sont opposées. Il faudra que des trônes soient envahis , que des états entiers disparoissent , que l'Europe soit cou- verte de sang et de ruines , pour qu'elle appren- ne que les droits et les possessions légitimes se maintiennent mal sans la justice ; qu'on ne fait que la rendre douteuse par la ruse et le men- songe ; que l'empire des lois ne s'établit et ne se soutient que par celui des mœurs ; et que si, pa- tient parce qu'il est éternel , le Très-haut souffre long-temps les iniquités de la terre ; à la fin ce- pendant il se montre pour les venger ; que lui seul donne et ôte la puissance , qu'il est la seule souveraine et immuable ; et qu'il brisera celles qui oseront croire exister sans dépendance de la sienne.

Cependant les armes républicaines font des

progrès en Italie. Venise effrayée fait signifier au
Roi qu'il ait à quitter Véronne. « Je suis noble
» Vénitien , répond le Roi indigné de cette là-
» cheté ; j'ai le droit de rester : cependant je
» partirai quand on m'aura rendu l'armure dont
» Henri IV fit présent à la république , et
» que j'aurai de ma main rayé son nom du livre
» d'or. »

La Providence , Messieurs , ne se montre pas
toujours , mais cependant elle se fait voir quelquefois. Le nom de Venise est rayé du nombre
des puissances , et son gouvernement , fruit de
la patience et de l'industrie des siècles , n'existe
plus. Je le demande, le ciel ne fut-il pas juste envers lui ?

Le Roi s'éloigne , il traverse le mont Saint-
Gothard par des chemins à peine pratiqués , et
se rend secrettement à l'armée de Condé. Sa
présence inattendue la met au comble de la joie.
Là , comme partout , il ne fait , il ne dit que ce
qui convient le mieux aux intérêts de sa couronne.
» Ce n'est pas le Roi , dit-il au Prince , c'est le
» premier gentilhomme du royaume , qui vient
» servir sous les ordres du digne descendant du
» Grand-Condé. » Mais ce n'est pas seulement
parmi les braves de Condé que la présence du

Roi excite la joie et les plus vives émotions. Elles se communiquent aux soldats républicains campés sur la rive gauche du Rhin. Chaque fois que Sa Majesté passe la revue de ses troupes sur la rive opposée, ils accourent et se pressent, avides de voir le Roi. « Vous voulez voir le Roi, leur » crie-t-il d'une voix forte et sonore. Eh bien ! » c'est moi qui suis votre Roi, ou plutôt votre » père. Oui vous êtes tous mes enfants : je ne suis » venu que pour mettre un terme aux malheurs » de notre commune patrie. » Telle étoit la disposition des esprits que, quand, dans ses jours d'inspection, le Roi étoit apperçu des postes républicains, ceux-ci ne manquoient pas de battre aux champs. Quant à l'intérieur ; il arrivoit au Roi, des lettres, des messages, des offres de service, des demandes de pardon qu'on lui adressoit de Strasbourg, de Lyon, de Paris et de plusieurs provinces. La Vendée étoit toujours en armes. Le Prince de Condé correspondoit, négocioit avec l'Alzace et les troupes qui s'y trouvoient ; on demandoit le Roi ; on étoit prêt à le recevoir. On propose, on accepte des arrangements. Mais il faut obtenir l'agrément du général autrichien, sous le commandement duquel est placée l'armée de Condé ; et, ô prodige d'aveuglement ! ce général ne veut entendre à aucun arrangement , qu'au préalable on n'ait livré aux armes autrichiennes Strasbourg et les principales villes de l'Alzace. Dès ce moment tout est rompu. L'honneur françois s'indigne que des forces étrangères se couvrent du masque de l'alliance pour marcher à l'envahissement de nos places , au démembrement du royaume. Puissances, encore jalouses de la France dans le dépérissement où elle est , vous écoutez les conseils d'une ambition insensée , alors qu'il ne faudroit obéir qu'à l'instinct de votre conservation , en réunissant tous vos efforts pour étouffer le monstre des révolutions , et relevant le trône des Bourbons pour prévenir la chute des vôtres ! Sous le voile de la bonne amitié , vous voulez dépouiller les fils de saint Louis ! Vos malheurs diront bientôt si le ciel a puni les projets de vos perfides conseillers. Quoi ! c'est vous-mêmes qui vous chargez du soin de persuader aux François qu'en servant leurs tyrans , ils servent la cause de leur pays ! Las et honteux du joug ignoble et atroce qui pèse sur eux , ils tendoient les bras à leur Roi ; ils alloient tomber à ses genoux : vous les trompiez , vous vouliez envahir leurs provinces. Aussi , les voyez-vous ces innombrables légions de françois accourir pour défendre le sol de la patrie ? Ils sont , comme dans leurs plus beaux jours , tout brillants de jeunesse et de valeur. En vain leur parlez-vous de leurs tyrans qu'ils méprisent ; vous leur avez appris à voir en vous non des libérateurs , mais les ennemis de cette patrie qui leur est chère , et pour laquelle ils sont prodigues de leur sang. Ils vous cherchent, ils vous pressent, ils vous serrent de toutes parts. Ils apportent avec eux le ravage et la désolation. La victoire les accompagne. Elle ne rejoindra vos drapeaux que quand enfin , près de périr , vous aurez compris la nécessité d'être justes et bienveillantes les unes pour les autres , et que , sentant le besoin d'un soutien plus fort que vous toutes ensemble , vous aurez imploré l'assistance de celui qui seul possède la force , et la donne à qui il lui plait. Mais ce moment est encore éloigné , tant l'aveuglement est profond.

Le ciel cependant ne cesse de protéger Louis. Plus d'une fois il a été témoin des brillants faits-d'armes , et a voulu partager les nobles périls de cette armée de Condé dont l'étranger continue à se servir en redoutant sa gloire. La politique tortueuse des puissances contraint le Roi à s'éloigner de nouveau du théâtre de la guerre. Il part, traverse la Souabe au milieu d'un peuple égaré par les suggestions des révolutionnaires , et arrive à Dillingen. Là on apposte un assassin pour attenter aux jours de S. M. Un coup de feu l'atteint au sommet de la tête. Accouru au bruit , et voyant le visage du Roi couvert de sang , *Ah ! Sire ,* s'écrie le comte d'Avaray , tout hors de lui , *une ligne plus bas !..... Eh bien !* répond le Roi sans s'émouvoir , *une ligne plus bas, c'étoit Charles X.* Naïveté admirable qui prouve tout à la fois l'intrépidité du Prince , et sa foi en la protection du ciel pour le rétablissement de la monarchie ; et ce qui ajoute encore au mérite de ces belles paroles, c'est que le Roi ordonne de garder le silence sur cet attentat , et défend d'en rechercher les auteurs.

Mais les armées républicaines continuent leur marche victorieuse ; il faut s'éloigner encore. Où porter ses pas ? L'héritier de trente rois ne sait où chercher un azyle. Le Duc de Brunswick lui en offre un dans ses états. Le Roi va résider à Blankenbourg. L'abbé Egdewort et le fidèle Cléry viennent lui offrir leurs hommages. Je laisse à vos cœurs, Messieurs, d'apprécier ce que celui du Roi dut éprouver de douloureuse consolation en revoyant près de sa personne le vertueux confesseur de Louis XVI , et le compagnon courageux de sa captivité. Quels détails déchirants furent la matière de leurs entretiens !.. C'est ainsi que le Roi de France se délasse des travaux que lui impose sa sollicitude pour la délivrance de son peuple.

Les ennemis de sa personne n'ont pas moins d'activité ; et il se forme à Hambourg une société d'assassins qui étudient les moyens et épient les occasions de lui donner la mort. Mais la Providence veille sur lui ; et s'il n'a pas encore épuisé le calice des douleurs , dumoins vivra-t-il pour être rendu à notre amour.

Continuons , Messieurs , d'étudier la conduite de cette divine Providence envers cet excellent Prince.

Les factions se multiplient dans Paris ; elles s'entr'égorgent , s'élèvent , se précipitent. Le directoire est à la tête de la république sanglante ; il a écrasé ses ennemis , et reculé encore les espérances du Roi. Le ciel ne le laisse pas sans consolation dans ce nouveau malheur.

L'Empereur de Russie l'invite avec une noble délicatesse à venir résider dans ses états. Louis se rend à Mitau ; c'est là qu'il conçut et exécuta le projet d'unir à l'aîné des deux fils de son frère , la fille de Louis XVI , cette auguste orpheline , dont les célestes vertus avoient été éprouvées par de si amères douleurs. A la consolation de remplir près d'elle les devoirs de père , s'en joignit une autre qui fut hélas ! de trop courte de durée.

La France crut un moment toucher enfin au terme de ses maux. Paul I.er aspire à la gloire de rendre la paix à l'Europe et de relever le trône des Bourbons. Il s'est armé contre le monstre des révolutions. Parties du fond du nord ses troupes sous la conduite de Souwarof, fondent sur l'Italie. Tous leurs pas sont marqués par des victoires. Mais il faut qu'elles se joignent à l'armée autrichienne en Suisse ; elles traversent les Alpes. A peine ont-elles franchi la distance qui les sépare de leurs alliés , Oh ! nouveau prodige d'aveuglement , d'erreur , et de perfidie ! l'armée autrichienne reçoit l'ordre d'évacuer la Suisse et d'abandonner les russes à leur seules ressources. C'en est fait de ce nouveau moyen de salut que la Providence avoit offert à l'Europe. Paul indigné rappelle son armée , rompt aussi son alliance avec la maison d'Autriche , pour en contracter une avec celui que la France désespérée avoit salué du titre de son libérateur , et qui fesant croire qu'il met un terme à l'affreuse révolution devenue enfin l'objet de l'exécration universelle, en réunit toutes les forces dans sa main , et bientôt les dirigera pour étendre encore leurs ravages , ébranler tous les trônes , et menacer de son joug l'Europe toute entière.

Oh ! espérances cruellement déçues ! au moment où il croit monter au trône de ses pères , Louis est contraint de quitter Mitau , au cœur de l'hyver , par un froid rigoureux , à travers des plaines immenses de neiges et de frimas , accompagné cependant de la jeune Princesse , qui par sa patience , sa douceur et sa bonté toutes célestes, semble être l'ange à qui le ciel a confié le soin de garder et de consoler le frère de Louis XVI dans ce surcroit d'infortune. On lui accorde de pouvoir résider , mais avec le plus sévère *incognito* , à Varsovie , où autrefois un de ses ayeux étoit monté au trône de la Pologne , avant de porter la couronne de France.

Une mort tragique termine la vie et le règne de Paul Ier. Son successeur le jeune Alexandre , à qui étoit réservée la gloire de prendre plus tard une part principale à la délivrance de l'Europe , alloit tenter de l'affranchir. Mais l'Angleterre elle-même traite avec le dictateur révolutionnaire , qui bientôt va s'asseoir insolemment sur le trône des Bourbons. A une profonde habileté du crime, l'usurpateur joint le sublime de l'audace. Cependant il y a dans la légitimité une force qu'il ne peut éluder, et un attrait auquel il ne peut résister. Il fait offrir au Roi de magnifiques dédommagements, et lui demande d'abdiquer en sa faveur. Louis, dans une conjoncture si grave, sera digne de lui-même et du noble sang qui coule dans ses veines. « J'ignore, répond-il, quels sont » les desseins de Dieu sur ma race et sur moi. » Mais je connois les obligations qu'il m'a impo- » sées par le rang où il lui a plu de me faire » naître. Chrétien, je remplirai ces obligations » jusqu'à mon dernier soupir ; fils de S.ᵗ Louis, » je saurai, à son exemple, me respecter, jus- » que dans les fers ; successeur de François 1.ᵉʳ, » je veux du moins pouvoir dire comme lui : *Nous* » *avons tout perdu, fors l'honneur.* »

Il y sera toujours fidèle, Messieurs, et nous verrons toujours son cœur plus grand que ses revers. Contraint de renoncer à l'espoir de fonder sa puissance sur un droit, le féroce usurpateur va la cimenter par le sang d'un Bourbon. Foulant aux pieds le droit des gens, comme ceux de l'humanité, il fait enlever, conduire et assassiner à Vincennes, le dernier des Condé. Par la plus déplorable erreur ; le Roi d'Espagne, que do-

mine

mine et fait mouvoir à son gré un ministre perfide, descend jusqu'à décorer de l'ordre de la toison d'or le meurtrier de son parent. Instruit de cette humiliation volontaire, Louis renvoie au Roi d'Espagne les insignes de cet ordre, et lui mande : « Je ne puis avoir rien de commun avec le grand » criminel que l'audace et la fortune ont placé » sur mon trône qu'il a eu la barbarie de teindre » du sang d'un Bourbon, le Duc D'Enghien. » La religion peut m'engager à pardonner à un » assassin ; mais le tyran de mon peuple doit » toujours être mon ennemi. Dans le siècle pré- » sent, ajoute-t-il, il est plus heureux de mériter » un sceptre que de le porter. La Providence , » par des motifs incompréhensibles , peut me » condamner à finir mes jours dans l'exil ; mais » ni la postérité ni mes contemporains ne pour- » ront dire que, dans les tems d'adversité, je » me sois montré indigne d'occuper jusqu'au » dernier soupir le trône de mes ancêtres. »

Messieurs , vous connoissez les événemens postérieurs : nous en avons été témoins. Je n'en ferai pas le rapprochement. A Dieu ne plaise qu'a- près avoir, jeune encore, éprouvé les maux qu'en- traine après soi le renversement de l'autorité lé- gitime, j'oublie jamais rien de ce qui est dû à ceux que Dieu a chargés de le représenter ici bas, et auxquels il a confié le gouvernement des hommes. Mais obligé par mon ministère de vous retracer les merveilles que la Providence a opérées sous nos yeux pour châtier et sauver l'Europe , je rappellerai ici l'oracle de l'esprit saint, qui a dit par la bouche du Roi prophète : On reconnoîtra Dieu à l'équité de ses jugements ; *cognoscetur Dominus judicia faciens !*

Continuons de les observer , Messieurs , ces redoutables jugements de Dieu. Suivons dans ses mouvements le fléau dont il se sert pour frapper les peuples et les Rois. Il a compris ce nouvel Attila ce qu'un trône légitime a de solidité. Il sent chanceler le sien , et cependant l'Europe est à ses pieds. Mais que les Bourbons disparoissent du milieu des vivants ; et à défaut de rejettons de la race de S.ᵗ-Louis et d'Henri IV, environné d'ailleurs du prestige de la victoire , et avec une apparence d'assentiment général , il pourra se faire passer pour héritier de Charlemagne , de restaurateur qu'il prétend être de son immense empire. Laissant donc à un misérable trop digne de le seconder , le soin de disposer la royale maison d'Espagne , à venir d'elle-même se jetter plus tard dans les filets de son adroite perfidie , il essaie de faire périr par le poison le Prince qu'il n'a pu ni séduire par ses offres , ni atteindre par ses armes. Ses infames projets sont découverts. On tient en main les preuves matérielles du crime. Mais telle est la terreur qu'il a répandue partout , que les Magistrats n'osent informer contre les coupables instruments qu'il a mis en œuvre.

La Providence , Messieurs, qui veilloit sur les jours de Louis , continuera de le protéger à Mittau , où il retourne appelé par l'Empereur de Russie ; Là , ce n'est pas l'art des empoisonneurs que l'on essaie , c'est l'adresse plus lâche et plus cruelle des incendiaires. On mit plusieurs fois le feu au château. Mais les gardes et le gouvernement redoublèrent de vigilance. Les précautions furent si bien prises , que le Roi en sureté à Mittau , eût pu y passer le reste de son exil , sans un nouveau malheur , qui vint mettre le comble à tous ceux dont il étoit accablé , et qui reculoit indéfiniment ses espérances. L'Empereur de Russie coalisé contre l'ennemi de l'Europe avec l'Empereur d'Autriche et l'Angleterre , avoit éprouvé des re-vers qui lui firent comprendre l'insuffisance de ces efforts partiels , et le mirent dans la nécessité de faire la paix. Il ne pouvoit plus convenir au Roi de France de demeurer en Russie. Il se rendit en Angleterre , où l'appeloit la magnanime bonté de Georges III , qui vouloit ajouter à la gloire de son règne , celle de rendre à Louis XVIII la généreuse hospitalité que Jacques II avoit reçue autrefois de Louis XIV.

L'Angleterre , avec toute sa fierté et plus de gloire que jamais , n'a pas fléchi devant la force gigantesque du dévastateur de l'Europe. Louis y est en sûreté. Il s'établit au châtaau d'Hartwel , dont il acquiert la propriété. Un revenu modique lui suffit pour vivre avec sa famille , pour secourir ceux de ses sujets qui , ayant fait à sa cause le sacrifice de leur fortune , étoient aux prises avec le besoin , et pour répandre encore parmi les habitants de la contrée, des bienfaits dont le souvenir ne s'effacera jamais de leurs cœurs.

Là , Messieurs , s'il passe quelques années de repos que le désir de revoir enfin la France , lui font paroître trop longues ; il n'oublie ni les droits dont il est dépositaire , ni les intérêts des françois dont il est le père. Toujours soutenu par sa foi inébranlable en la protection du très-haut , et entrant plus avant dans toutes les profondeurs de la politique dont il a fait l'étude de toute sa vie , il médite sur les intérêts de son peuple , sur son caractère et ses besoins. Les françois recueilleront

le fruit de ses méditations. Il les aimoit, Messieurs, non en maître mais en père. Personne ne compatît autant que lui à leurs misères , dans ces tems mêmes , où c'étoit par eux qu'il recevoit les coups les plus sensibles. L'éclat de leur gloire militaire pour le soutien d'une cause si contraire à la sienne et à leurs véritables intérêts , fesoit palpiter son cœur des plus tendres émotions. Quelle touchante sollicitude pour ceux que leur valeur n'avoit pu sauver des mains de leurs ennemis ! L'insensé conquérant qui les conduit au fond du nord , les abandonne sous un climat glacé. Le cœur paternel du Roi les y protège. « Le sort des armes
» écrit-il à l'Empereur de Russie , a fait tomber
» dans les mains de votre Majesté plus de cent
» cinquante mille prisonniers ; ils sont pour la
» plus grande partie françois. Peu importe sous
» quels drapeaux ils ont servi ; ils sont malheu-
» reux ; je ne vois parmi eux que mes enfants ;
» je les recommande à la bonté de votre Majesté
» Impériale. Qu'elle daigne considérer combien
» un grand nombre d'entre eux ont déjà souffert,
» et adoucir la rigueur de leur sort ! Puissent-ils
» apprendre que leur vainqueur est l'ami de leur
» père ! Votre Majesté Impériale ne peut pas

» me donner une preuve plus touchante de ses
» sentiments pour moi. »

Exilé de sa patrie, éprouvé par les plus amères
tribulations , Louis a montré son cœur tout entier. C'est bien véritablement celui d'un père ,
toujours prêt à tout faire , à tout sacrifier pour le
salut de ses enfants. Perfectionnant par l'adversité
les grandes qualités , dont elle avoit orné son ame
toute royale , la divine Providence , l'a façonné
précisément comme il convenoit le mieux pour
sauver la France. Voyons ce qu'elle va faire pour
lui , après l'avoir conduit au trône de ses pères.

III.ᵉ PARTIE.

Il est donc enfin arrivé cet heureux moment
que le Roi martyr avoit demandé pour prix de
son sang , que Louis attendoit avec tant de foi en
la protection du ciel , et que le Dieu des miséricordes avoit marqué pour être le terme de nos
souffrances ! Quand Dieu veut sauver les peuples,
Messieurs , il brise le fléau dont il se servoit pour
les frapper ; et quand il veut punir le pécheur ,
il l'abandonne au délire de ses appétits , *miscuit
in medio ejus spiritum vertiginis* , à l'ivresse de ses
passions , qui le précipitent d'erreur en erreur

jusqu'à l'abyme qui doit l'engloutir pour jamais, *et errare fecerunt... in omni tempore suo sicut erat ebrius.* Nous l'avons vu l'insolent dominateur de l'Europe , ivre en effet de l'ambition la plus insensée qui fut jamais , négligeant les précautions de la prudence la plus commune , se précipiter avec ses valeureuses légions , sur les glaces du nord , où le ciel avoit marqué le tombeau de sa puissance. Demeurée fidèle au sang des Bourbons, la généreuse Espagne avoit arrêté les armes de l'orgueilleux vainqueur , et dissipé le prestige de de son invincibilité. La leçon donnée au midi , avoit été comprise aux extrémités du nord ; et décidée à ne pas plier sous son joug , la Russie l'avoit attendu dans ses frimas. C'est là que tombe ce colosse aux pieds d'argille , et dont le poids fatiguoit le monde. Au bruit de sa chute , les peuples qu'il tenoit enchaînés à son char , brisent leurs fers , et accourent pour l'écraser. N'est-ce pas à eux aussi que le Prophète met dans la bouche , comme autrefois dans celle des ennemis du Roi de Babylone , ces mémorables paroles : Comment es-tu tombé du faîte de la puissance , toi qui paroissois si brillant à ton lever ? *Quomodò cecidisti de cœlo lucifer , qui manè oriebaris ?* Tu nous avois éblouis de l'éclat de tes victoires ; on te croyoit invulnérable. Tu renversois les trônes, tu distribuois les sceptres et les couronnes ; la terre tremblante étoit muette devant toi ; tu t'écroules enfin toi-même, et tu la couvres de tes débris, *corruisti in terram, qui vulnerabas gentes !* Tu disois dans ton cœur : j'élèverai mon trône au dessus de tous les trônes ; *qui dicebas in corde tuo : In cœlum conscendam ; super astra Dei exaltabo solium meum.* J'envahirai l'héritage des Rois, *sedebo in monte testamenti,* je courberai les peuples sous mes lois, et ma puissance s'étendra jusqu'aux régions que désole l'aquilon, *in lateribus aquilonis.* M'élevant au-dessus de toutes les dominations, Roi des Rois, semblable au très-haut, je serai le Dieu de la terre. *Ascendam super altitudinem nubium ; similis ero altissimo.* Et cependant tu as été précipité de cette prodigieuse hauteur ; tu essaieras de te relever de ta chute, et elle n'en sera que plus profonde. *Verumtamen ad infernum detraheris, in profundum laci.* Ceux qui te verront, se baisseront pour te reconnoître ; *qui te viderint, ad te inclinabuntur, atque prospicient.* Ils diront après t'avoir envisagé : quoi ! c'est là cet homme qui troubloit toute la terre, et renversoit les empires ? *Numquid iste est vir qui conturbavit terram, qui concussit regna ?* celui qui changeoit le monde en désert , et saccageoit les villes ; l'oppresseur de la liberté des peuples , qui les tenoit dans ses fers ? *qui posuit orbem desertum , et urbes ejus destruxit, vinctis ejus non aperuit carcerem !* Les Rois qui paient tribut à la nature , et meurent comme le reste des hommes , sont à leur dernière heure environnés encore de l'éclat du diadème ; on les porte au tombeau de leurs ayeux , *Omnes reges gentium universi dormierunt in gloriâ , vir in domo suâ :* Pour toi , loin de la terre qui t'a vu naître , et du sépulchre de tes pères , tu as été jeté comme un tronc inutile et hideux de sang , *tu autem projectus es de sepulchro tuo , quasi strips inutilis , pollutus ;* tes honneurs , au moment suprême , sont ceux que l'on rend aux soldats que le glaive a moissonnés, et dont on cache la dépouille sous quelques pieds de terre , *et obvolutus cum his qui interfecti sunt gladio , et descenderunt ad fundamenta loci, quasi cadaver putridum.*

Et voilà, Messieurs, la justice de Dieu ici-bas : que l'homme ose s'en plaindre ! Il fait rentrer dans le néant d'où il l'a tiré, celui dont les fureurs ont servi à ses desseins , pour amener la France à reconnoître que l'autorité légitime est pour elle l'ancre du salut, et qu'à moins de revenir sincèrement à l'antique foi de ses pères , elle perdra de nouveau la paix qui lui est rendue , et s'engloutira encore dans cet abyme , d'où la providence n'a pas pris l'engagement de la tirer une seconde fois.

Enfin, Messieurs nous l'avons vu ce jour fortuné où le Roi fut rendu aux vœux d'un peuple qu'il étoit , comme il l'a dit lui-même , affamé de revoir. Quel attendrissement, quelle joie , quel enchantement , quelle ivresse ! Vîmes-nous jamais rien de pareil? Après de si longues années d'exil et d'adversités inouies , le père de famille se retrouve au milieu de ses enfants dont les cœurs se fondent pour ainsi dire dans le sien. Avec quelle avidité on contemple ses traits augustes et vénérables ! On se plait à y retrouver ceux de ses illustres ayeux. A la majeste qui brille dans ses regards avec tant de bonté et de douceur , on reconnoît aisément un rejetton d'Henri IV et de Louis XIV ; ses cheveux blancs ajoutent encore à la vénération et à l'amour qui émeuvent tous les cœurs. On écoute ses paroles , on les répète , elles parcourent la capitale et les provinces où ont aussi éclaté de toutes parts les transports de la joie.

Mais qui pourroit rendre , Messieurs , ce que nous éprouvâmes tous , la première fois que parlant aux députés de la France , et leur tenant le langage paternel qui convenoit si bien à son affection pour son peuple , il leur exprima le désir de voir les français vivre en frères et oublier les discordes qui les avoit divisés ! Et quelle fut notre reconnoissance , lorsque nous vîmes , par la loi fondamentale qu'il daignoit nous octroyer , avec quelle admirable sagesse , après avoir jugé ce qu'il convenoit d'accorder aux malheurs et aux idées de son siècle , il prenoit en effet le moyen le plus efficace de réconcilier la France avec elle-même , pour arriver à cicatriser toutes nos plaies ; et appeloit à soutenir le trône protecteur des droits et de la liberté de tous , cette force populaire qui , dans d'autres temps , et conduite par le délire des passions , avoit tout détruit , mais qui , dirigée désormais et tenue dans de justes limites par l'autorité royale , sera une barrière insurmontable aux efforts des factions et de l'intrigue.

Ah ! Messieurs , que la France fut heureuse dans les premiers temps qui suivirent sa résurrection ! Comme les ames se dilatoient ! comme les esprits s'élevoient ! quels élans de pensées ! quelle activité partout ! quel vaste champ on voyoit s'ouvrir aux spéculations! quelle vie avoient reprise le commerce et l'industrie ! On eût dit que la France n'avoit éprouvé aucun revers, et que depuis des siècles sa prospérité n'avoit souffert aucune atteinte. Mais pourquoi cet orage qui paroît tout à coup sur son horison, et qui vient troubler la sérénité de ces jours si beaux ? Descendons dans nos cœurs, Messieurs, interrogeons-les devant Dieu. Etions-nous purs à ses yeux ? Avions-nous bien expié, par les larmes et la pénitence, nos erreurs et nos fautes ? A la joie vertueuse d'avoir vu relever le trône légitime, et disparoître celui qui étoit comme la sanction de toutes les iniquités, ne se joignit-il pas quelques sentiments moins purs ? Le pardon que vous offrîtes étoit-il toujours aussi entier, aussi absolu qu'il devoit l'être ? N'applaudit-on pas quelquefois avec malignité à la chute ou à l'humiliation de personnages sans importance pour soi comme pour l'état ? Si la raison montroit dans la restauration de la monarchie le gage du bonheur général ; l'ambition et la cupidité ne murmurèrent-elles pas de n'être point satisfaites ? Attendoit-on avec assez de résignation le moment où il seroit possible de réparer toutes les injustices et de récompenser tous les services ? Si on tendit de bonne foi les bras à la monarchie, ne craignoiton pas de voir effacer ses services et son nom par des noms et des services plus anciens ou plus il-lustres? Comprit-on toujours bien la nécessité d'immoler au moins une partie de ses intérêts à ceux de la patrie ? Par la facilité avec laquelle on se laissa quelquefois aller à la plainte et aux murmures, ne se prêtoit-on pas à de perfides insinuations ? n'encourageoit-on pas les méchants ? N'augmentoit-on pas l'audace d'une faction qui, épargnée par la clémence, épioit dans l'ombre le moment où elle pourroit resaisir le pouvoir ? Ah ! Messieurs, si nous fûmes trop coupables en effet ; loin de nous plaindre de la sévérité dont la Providence usa envers nous pendant ces cent épouvantables jours qui furent pour nous un siècle de malheurs, ne devons-nous pas la bénir de n'en avoir pas prolongé la durée?

Frappés de terreur, nous vîmes se rouvrir le gouffre des révolutions. Avant d'accomplir sa destinée, l'homme qui avoit fait verser tant de larmes et de sang, voulut encore une fois faire trembler le monde. Il s'avance suivi d'une poignée de soldats égarés, bientôt grossie par la défection la plus lâche que l'histoire ait jamais livrée à l'exécration de la postérité. Louis, calme comme il a la longue habitude de l'être au milieu des revers les plus inattendus , mais attentif à tout , donne ses ordres pour repousser l'usurpateur ; et les mesures sont si bien prises , les forces avec lesquelles on va le combattre sont tellement supérieures , que la victoire ne pouvoit être un instant douteuse. Mais , ô lâcheté inouie ! ô trahison , dont nos annales n'avoient jamais été souillées ! c'est contre le Roi que se tournent les armes qu'il croyoit avoir généreusement confiées à l'honneur françois. Contraint de s'exiler encore une fois, il s'éloigne , le cœur brisé de douleur , mais espérant toujours le salut de la France. Il a mis sa confiance en Dieu , Messieurs , et Dieu le soutient dans cette nouvelle épreuve , il a résolu de relever son trône , et de sauver par lui la France; ses desseins seront accomplis.

L'Europe a changé de face. Elle sait par son expérience toute récente ce qui causa sa perte , et ce qui fit son salut. Elle est armée et unie contre le monstre des révolutions : il ne se relevera pas. Les champs de Watterloo attesteront sa rage , et son impuissance. Rois de la terre , ô vous que Dieu a faits dépositaires de son autorité , puissiez-vous pour votre gloire , pour votre bonheur et pour celui de vos peuples , resserrer de plus en plus les nœuds de cette alliance , qu'à si juste titre vous appelez du nom de sainte ! L'unanimité des efforts et la générosité avec laquelle vous aidâtes une fois la France à briser ses fers et à relever le trône de Saint-Louis , sont ce que le monde avoit encore vu de plus grand , de plus digne de son admiration et de sa reconnoissance. C'est que , si l'observation des préceptes de la justice et de la charité qui , parmi les particuliers fait l'honnête homme et l'homme heureux ; elle seule fait aussi toute la gloire des Rois ; seule elle leur mérite les bénédictions des contemporains et de la postérité. Cette politique si simple , Messieurs , mais vraiment sainte et sublime , est celle de l'Evangile. Puisse-t-elle présider toujours aux destinées du monde !

Salomon de notre âge , Louis s'en étoit pénétré le premier , en avoit sondé la profondeur , et n'avoit cessé de démontrer , que hors d'elle il n'y avoit point de salut à espérer pour l'Europe. Nous avons vu combien il y a toujours été fidèle. Nous ne le suivrons pas dans tous les actes d'une administration pénible , et dont la marche fut embarrassée par tant d'obstacles. Le souvenir de son inépuisable bonté , de sa clémence infatigable, de sa sollicitude continuelle pour tous les besoins, de la sagesse industrieuse avec laquelle il dirigea les ressorts de son gouvernement pour éviter de réveiller des passions mal éteintes , ne s'effacera jamais de vos cœurs ; et la postérité l'associera toujours à celui des généreuses vertus d'Henri IV, que Louis avoit pris pour modèle , et dont il a suivi si glorieusement les traces pour la restauration de la monarchie , dans des circonstances plus difficiles et plus malheureuses encore , que celles où la France eût péri sans le courage et le génie du Béarnois.

Mais , Messieurs , nous devons à la reconnoissance envers Dieu de nous retracer les bienfaits dont il combla ce grand Prince et ceux surtout par lesquels il fit plus particulièrement éclater la protection de sa providence sur la race de S.ᵗ-Louis.

C'est rouvrir une des plaies les plus douloureuses de vos cœurs , Messieurs , que de vous rappeler la mort tragique d'un fils de France trop tôt enlevé à notre amour. Mais obligé de vous entretenir des merveilles que la Providence divine déploya si magnifiquement sur le règne de Louis , puis-je passer sous silence celle, où l'action du tout-puissant fut le plus sensible ?L'enfer a armé le bras d'un assassin , le jeune héros est frappé à mort. Mais la Providence, Messieurs, a trompé

a trompé la trop cruelle adresse du monstre révolutionnaire. Il avoit pris son tems avec une
horrible précision ; et cependant il a frappé trop
tôt ou trop tard pour son exécrable dessein. Trop
tard ; le précieux rejetton dont il avoit coupé la
tige , étoit déjà plein de vie dans le chaste sein de
sa mère : s'il eût attendu.... Ah ! Messieurs , la
France eût été trop malheureuse.... Et à la naissance de cet auguste enfant sur qui repose tout
l'avenir de la patrie , quel concours étonnant
de circonstances ! N'est-ce pas-là l'empreinte du
doigt de Dieu ? La prudence humaine a fait son
devoir. La Providence en dérange toutes les mesures : elle veut se montrer seule ; et tout Paris a
vu naître notre autre Henri avant les témoins dé-
signés , et accourus avec toute la célérité possible.
La France a salué avec des transports de joie
l'enfant chéri de la Providence. Mais la postérité
saura que pour l'obtenir , toute la France avoit
été aux pieds des autels. Le Maître ne se montre
pas toujours , Messieurs , mais il se fait voir quelque fois , afin que l'on sache qu'il est toujours
présent. Ah ! sans doute que désormais Dieu sera
compté dans la politique des hommes.

Telle fut constamment celle du grand Roi que
nous pleurons. Dieu fut présent à toutes ses pen-

sées ; ce fut l'ame de toutes ses actions et de toutes ses entreprises. Un Roi son voisin , son allié et son parent est au pouvoir de sujets rebelles , et n'est plus qu'un simulacre de Roi. Tout annonce que l'Espagne va être souillée du même forfait qui a deshonoré la France ; et déjà ce malheureux royaume est en proie aux convulsions, symptômes de la plus affreuse catastrophe. Louis , en présence de Dieu , interroge sa conscience et son cœur. Il tente les voies de conciliation , et met tout en œuvre pour ramener par la persuasion , des sujets égarés ; il se tient en défense sur sa frontière , mais avec tant de réserve , de prudence et de modération , que l'insulte et la provocation ne peuvent ébranler sa patience. Envain la généreuse ardeur de ces hommes toujours dévoués à la cause de la justice , s'irrite de sa longanimité : il ne tire l'épée que quand enfin il a connu l'inflexible opiniatreté de la rébellion. Mais aussi avec quelle vigueur il l'attaque ; et quelle tendre sollicitude pour les intérêts du peuple dont il va briser les fers ! Animé de son esprit le Prince que son cœur a nommé son fils , et qu'il a donné pour chef à cent mille valeureux françois , vole comme Henri IV , au péril et à la victoire. Envain le génie des enfers ajoute aux dangers des combats ceux de l'incendie : Dieu protège Louis , et ses armes ; une seule campagne suffit au héros , pour terrasser la révolte. Plus admirable encore par son excellente discipline que par sa bravoure , l'armée qu'il commande a mis son honneur à observer les lois de la plus sévère probité ; elle est pure de tout désordre , de tout excès , de toute injustice. C'est la première fois qu'une nation n'eut qu'à se féliciter d'avoir éprouvé une invasion à main armée. Il est beau d'avoir ainsi rendu un Roi à son trône, et un peuple à l'amour de son Roi ! C'est-là une gloire véritable et pure : les seules larmes qu'elle ait fait couler, sont celles de l'attendrissement et de la reconnoissance. Jouissez-en, magnanime héros qui avez si dignement accompli les généreux desseins de Louis. L'univers applaudit à votre triomphe : il est avoué par l'Evangile de Jésus-Christ : c'est celui de la justice et de l'humanité ; c'est le sceau que le ciel a donné à Louis , de mettre à la politique de toute sa vie ; c'est la magnifique récompense qu'il en a reçue en ce monde.

Ah ! que les jours d'un tel Roi ne sont-ils éternels ! Mais si la divine Providence voulut qu'il montrât comment il faut user de la bonne et de la mauvaise fortune ; elle veut aussi qu'il nous fasse voir comment il faut mourir. Chrétiens , approchez de son lit de douleur. Voyez avec quelle patience il sait souffrir ! avec quelle pieuse résignation il voit approcher le moment où il lui faudra rendre compte à Dieu des grâces signalées qu'il en a reçues, de la constante protection dont il a été l'objet ! Avec quelle effusion de reconnoissance il le bénit d'avoir mis le comble à ses bienfaits, en appelant au trône après lui ce Prince dont la France et l'Europe ont si souvent admiré les qualités vraiment royales , et que le ciel a fait si propre à continuer la glorieuse restauration ! Chrétiens , il nous faudra mourir aussi : voyons-donc , pour nous en bien pénétrer , avec quelle foi vive et quelle touchante humilité un grand Roi reçoit les derniers sacremens ! avec quelle ferveur il s'unit aux prières de l'Eglise ! avec quel respect et quel amour il presse sur ses lèvres et contre son cœur l'image de Dieu crucifié, qui fut toute sa vie , et qui est encore à sa dernière heure , sa plus chère consolation ! Sa famille consternée est en pleurs autour de lui : il la console, il prie pour elle ce grand Dieu qui fut toujours son réfuge et qui ne l'abandonna jamais. C'est un patriarche qui bénit ses trois générations. Ainsi s'endort le juste , paisiblement et pour toujours , au sein du Seigneur. Mais , ô Dieu qui jugez les justices , et devant qui les Anges eux-mêmes ne sont pas assez purs , ah ! si l'ame de ce grand Roi pouvoit être entachée de quelque reste d'imperfection , et qu'il lui fallût encore satisfaire à votre justice !.... Prêtre du Seigneur, hâtez-vous d'offrir la victime de propitiation qui fut immolée sur la croix pour la rédemption du pécheur ; joignons y nos plus ferventes prières , afin que le père des miséricordes , abrégeant les satisfactions , après lui avoir donné de porter si glorieusement ici-bas une couronne périssable , daigne lui accorder celle la bienheureuse immortalité.

FIN.